WOLFGANG AMADEUS MOZART

DON GIOVANNI

Overture to the Opera
K 527
Edited by/Herausgegeben von
Alfred Einstein

Ernst Eulenburg Ltd

London · Mainz · Madrid · New York · Paris · Tokyo · Toronto · Zürich

Don Giovanni

Overture

W. A. Mozart
1756-1791
K.-V. No. 527

E. E. 3708   Ernst Eulenburg Ltd

2

E. E. 3708

6

Molto allegro

8

E. E. 3708

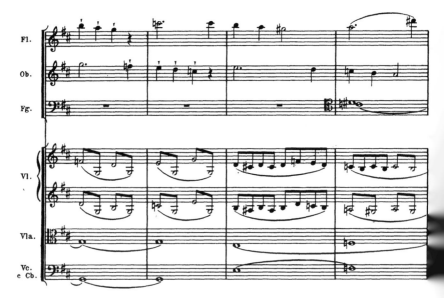

14

16

18

19

21

E.E. 3708

E. E. 3708

E. E. 3708

30

E. E. 3708

E.E. 3708

Konzertschluß

Takt 282 ff.